AF496019

...ANS-SOMMAIRES

DE

LÉGISLATION

ET

D'ADMINISTRATION

scolaires

(Programme du Certificat d'aptitude à l'Inspection primaire)

par Louis GOBRON

DOCTEUR EN DROIT

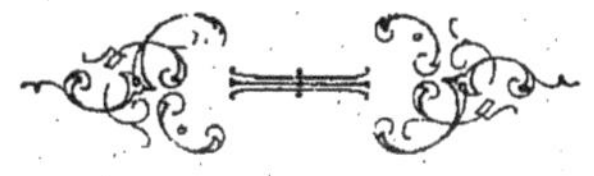

1907

EN DÉPOT

à l'IMPRIMERIE GEORGES LAC

27, Rue Vaneau, Paris 7ᵉ

AVANT-PROPOS

—

Pour répondre au désir exprimé par les élèves du cours de législation et d'administration scolaires qu'il professe depuis trois ans au Musée pédagogique, l'auteur a réuni en un petit volume les Plans-Sommaires de ses leçons. Il y a joint la référence aux principaux textes : Lois, Décrets, Arrêtés, Circulaires et aux Décisions de la jurisprudence administrative ou judiciaire qui se rapportent à chaque ordre de matières étudiées dans le cours.

Cette modeste brochure ne saurait avoir la prétention de contenir un inventaire complet des documents qui forment la réglementation applicable à l'enseignement primaire public ou privé.

Elle est principalement destinée à fournir un instrument de travail aux candidats aux fonctions d'inspecteur, d'inspectrice, de directeur ou de directrice d'école normale, mais elle pourra également leur être de quelque utilité, au cours de leur carrière administrative, s'ils veulent bien prendre la peine de la tenir au courant, au fur et à mesure qu'une modification surviendra dans la réglementation ou la jurisprudence en vigueur.

L. G.

ORDRE DES MATIÈRES

PLANS-SOMMAIRES

DE

Législation et d'Administration Scolaires

PREMIÈRE PARTIE

Historique. — Notions préliminaires.
Organisation Générale.

I. — Notions historiques.
>   La Révolution française.
>   L. 28 juin 1833. — L. 15 mars 1850. — L. 10 avril 1867.

II. — Notions préliminaires.
>   1o Définition de l'Enseignement primaire.
>   L. du 28 mars 1882, art. 1er.
>   2o Enseignement public et enseignement privé.
>   L. O., art. 2. Interdiction pour les communes de subventionner
>   les écoles primaires privées.
>   3o Etablissements d'Enseignement primaire.
>   L. O., art. 1er.

III. — Organisation générale.

>   1o *Administration centrale :*

A. — **Ministre** (Bureaux du ministère).

B. — **Conseil supérieur de l'Instruction publique.**
>   *a)* Historique. Monographies pédagogiques, no 6, Jallifier.
>   *b)* Organisation et fonctionnement. L. 27 février 1880, art. 1er,
>   2, 8. — L. O., art. 51.
>   c) Attributions, L. 27 février 1880, art. 5 et 7. — L. O., art. 3,
>   4, 9, 10, 16, 21, 32, 33, 35, 39, 41.
>   d) Règlement intérieur. D. 11 mars 1898.
>   c) Section permanente. L. 27 février 1880, art. 3 et 4. —
>   D. 11 mars 1898, art. 7.

C. — **Comité consultatif de l'Enseignement public.**
>   D. 25 mars 1873, art. 3. — D. 11 mai 1880, art. 1er à 4, 7, 11. —
>   D. O., art. 115, 133 et 183,

D. — **Inspecteurs généraux.**
>   Décret-Loi, 9 mars 1852, art. 1er, 6. — D. 11 mai 1880, art. 2.—
>   L. O., art. 9. — D. O., art. 123, 124, 128.

E. — Inspectrices générales des écoles maternelles.

L. O., art 9. — D. O., art. 132 et 133.

F. — Recteurs.

a) Contrôle de l'Enseignement. L. 14 juin 1854, art, 4. D. 22 août 1854, art. 17 et 22.

b) Livres, A. O., art. 22.

c) Inspection, L. O., art. 9; D. O., art. 128 ; A. O., art. 237.

d) Ecoles normales. D. O., art. 56 et suiv.; A. O., art. 68 et suiv.; D. 29 mars 1890.

e) Ecoles primaires supérieures, A. O., art. 33 et suiv.

f) Examens, D. O., art. 107, 115, 117, 120. A. O., art. 135 et suiv., 164, 242 et suiv.; 254 et suiv.

g) Régime spécial à l'Algérie, L. O., art. 68.

2o *Administration locale :*

A. — Préfet.

a) Présidence du Conseil départemental, L. O., art. 44, D. O., art. 164, Elections au dit conseil, D. 12 novembre 1886.

b) Droit d'entrée dans les écoles publiques, D. O., art., 145.

c) Création et installation des écoles publiques, D. O., art. 13. Déc., 7 avril 1887. L. 10 juillet 1903 sur l'établissement d'office.

d) Personnel de l'enseignement primaire public, L. O., art. 27 à 29, 31. D. O., art. 20, 22, 34.

e) Bourses de l'enseignement primaire supérieur. D. O., art. 46 à 52. A. O., art., 53, 55.

f) Commission scolaire, L. O., art. 54. D. O., art 151.

g) Ouverture d'école privée, L. O., art. 38. D. O., art. 158 et suiv.

B. — Inspecteur d'Académie.

a) Inspection, L. O., art. 9. D. O., art. 167.

b) Création et établissement d'écoles ou de classes, D., 7 avril 1887, L., 10 juillet 1903.

c) Personnel, L. O., art. 26 et suiv., D. O., art. 19, 21 à 23.

d) Examens, D. O., art. 107, 120, 121, A. O., 135, 140, 161, 222, 226, 245 et 256. L. 28 mars 1882, art. 16.

e) Livres, A. O., art. 22.

f) Ecoles normales, D. O., art. 72 et suiv., 84. L. 19 juillet 1889, art. 47.

g) Ecoles primaires supérieures, A. O., art. 28, 35, 42, 50 et suiv.

h) Enseignement privé L. O., art. 38, 39, 41. D. O., art. 158 et suiv., 165, 167.

i) Attributions diverses : écoles maternelles, A. O., art. 7. D. O., art. 10., commissions scolaires, L. O., art. 54, D. O., 153, dames déléguées pour l'inspection, D. O., art. 142, 143.

C. — **Conseil départemental.**

> *a)* Historique. L. 15 mars 1850. L. 14 juin 1854.
> *b)* Composition. Elections. L. O., art. 44, mod. par L. 14 juillet 1901. D., 12 novembre 1886, mod. par D. 5 février 1899. Arrêt, Conseil d'Etat, 23 décembre 1887.
> *c)* Fonctionnement, L. O., art. 47 à 49, 60.
> *d)* Attributions.

I. — *Administratives.*

> 1º Création, suppression des écoles ou classes. L. O., art. 11 à 13, 24, 48. D. O., art. 11, 13, 30. D. 7 avril 1887. L. fin., 30 mai 1899, art. 36.
> 2º Personnel des écoles publiques. L. O., art. 23 et 27. D. O., art. 20. D. 17 juillet 1895, art. 4.
> 3º Règlements scolaires, L. O., art. 48. D. O., art. 9, 29. A. O., art. 32.
> 4º Pensionnats, L. O., art. 13. D. O., art. 15, 16, 173. D. 16 janvier 1894.
> 5º Délégation cantonale, L. O., art. 52. D. O., art. 138.
> 6º Commissions scolaires, L. O., art. 58.
> 7º Ecoles normales, D. O., art. 69.
> 8º Bourses de l'enseignement primaire supérieur. D. O., art, 46, 51. A. O., art. 50, 53.
> 9º Droit d'inspection, L. O., art. 9 et 50. D. O., art. 140.
> 10º Inspection médicale, L. O., art. 48.
> 11º Autorisations *a)* étrangers, L. O., art. 4. D. O., art. 182.
> > *b)* Cours privés d'adultes, L. O., art. 8.
> > *c)* Secrétariat de mairie, L. O., art. 25.
> > *d)* Adjointes dans les écoles de garçons, L. O., art. 6.
> > *e)* Ecoles mixtes, L. O., art. 6, 36.
> 12º Vœux, Circulaire, 4 juin 1903.

II. — *Pédagogiques,* L. O., art. 16 et 48.

III. — *Contentieuses, a)* Appel des décisions des Commissions scolaires. L. O., art. 59.
> *b)* Oppositions à l'ouverture des écoles privées, L. O., art. 39, D. O., art. 162 (mod. par déc. 10 déc. 1901) et suiv., 172.
> *c)* Contestation au sujet de l'inscription d'un enfant à une école publique, L. 28 mars 1882, art. 7.

IV. — *Disciplinaires, a)* Enseignement public, L. O., art. 31 à 34, D. 4 décembre 1886, art. 5 et suiv.
> *b)* Enseignement privé, L. O., art. 41, D. O., art. 174, D. 4 décembre 1886. L. 28 mars 1882, art. 11.
> *c)* Examens, D. O., art. 121.

D. — Inspecteurs primaires.

1o Nomination, D. O., art. 125, 130.

2o Emoluments, L. 19 juillet 1889, art. 22, mod. par L. fin. 25 février 1901, art. 51, et 17 avril 1906, art. 51, 23 mod. par L. 25 juillet 1893, D. O., art. 127 modif. par Décr. 4 août 1892, et 131.

3o Incompatibilités, D. O., art. 126.

Attributions :

a) Dispositions générales, D. O., art. 23 et 128.

b) Droit d'inspection, L. O., art. 9, — D. O., art. 129, 167. — Circulaire ministérielle, 7 mars 1906.

c) Rapports, avis, instruction des affaires. — D. O., art. 13, 129.— A. O., art. 236.— Régl. scolaire, mod. art. 10 nouveau.

d) Approbation de l'emploi du temps, A. O., art. 18.

e) Répartition des élèves, A. O., art. 6 et 14.

f) Fréquentation scolaire, L. 28 mars 1882, art. 10, 14, 15. L. O., art. 59. D. O., art. 156.

g) Participation aux conseils, commissions. — 1o Conseil départemental.— L., O., art. 44, 46.— 2o Comm. d'examen, L. 28 mars 1882, art. 16. — D. O., art. 73, 118 mod. par Déc. 4 août 1905.— A. O., art. 161. — 3o Conférences cantonales. — D. O., art. 129. — 4o Comités de patronage. — A. O., art. 34. — 5o Commission des livres. — A. O., art. 22. — 6o Commission scolaire. — L. O., art. 56, 58, 59. — D. O., art. 129, 152, 155, 156. — 7o Délégation cantonale. — D. O., art. 129, 138.

E. — Inspectrices primaires.

L. 19 juillet 1889, art. 22. — D. 17 janvier 1891.

F. — Inspectrices départementales.

a) Nomination, émoluments. — L. fin. 8 août 1885, art. 25. — D. O., art. 132 à 135.

b) Attributions, D. O., art. 128, 134, 135. — A. O., art. 236 à 239. — L. 27 février 1880, art. 1 (avant-dernier alinéa).

G. — Délégation cantonale.

a) Nomination. — L. O., art. 52, 53, 57. D. O. art. 136, 137.

b) Attributions. — L. 28 mars 1882, art. 16.— L. O., art. 9, 52, 53, 54. — D. O., art. 138 à 140. — C., 25 mars 1887 et 10 juillet 1895.

H. — Maire.

a) Droit d'inspection. — L. O., art. 9. — D. O., art. 140.

b) Ecoles publiques. — D. O., art. 3, 8, 10, 23. — A. O., art. 3.

c) Ecoles privées.— L. O., art. 37, 39. — D. O., art. 158, 159, 162 à 165.

d) Fréquentation scolaire. — L. 28 mars 1882, art. 8.— L. O., art. 54, 55, 58.

I. — **Commission scolaire**.
  a) Composition et fonctionnement.— L. O., art 54 à 60.— D. O.,
  art. 151 à 153, 155 à 157.
  b) Attributions. — L. 28 mars 1882, art: 8, 10 et suiv. — L. O.,
  art. 58.— D. O., art. 154. — C. 13 juin 1882 et 7 sept. 1882.
3o. — *Inspection des écoles (Vue d'ensemble).*
  L. O.. àrt. 9. — D. O., art. 123 à 145. — A. O., art. 235 à
  239. — Décr. 5 nov. 1894, art. 7.

DEUXIÈME PARTIE

ENSEIGNEMENT PUBLIC.
CRÉATION ET INSTALLATION DES ÉCOLES

I. — Création des Écoles.

1o *Classification en écoles obligatoires ou facultatives :*
  D. 27 mai 1888; C. même date.
  a) Ecoles légalement obligatoires :
    1er Groupe : L. O., art. 11, § 1 et 13.— L. 20 mars 1883,
    art. 8.— L. O.. art. 11 § 4.
    2e Groupe : L. O., art. 15, alinéa 1.— L. 19 juillet 1889,
    mod. par L. 25 juillet 1893, alinéas 1 et 2.
  b) Ecoles conventionnellement obligatoires :
    L. O., art. 15, alinéas 2 et 3.— L. 19 juillet 1889, art. 2.
  c) Ecoles facultatives.
2o *Règles applicables à la création des Écoles :*
  1er cas : Ecole dont la circonscription s'étend à une com-
  mune : L. O., art. 13.— D. 7 avril 1887, art. 1 à 5. C. 14 juin 1892.
  2e cas : Ecole dont la circonscription s'étend à deux ou plusieurs
  communes. L. O., art. 11 et 12.— D. 7 avril 1887, art. 22 à 30.
3o *Règles applicables aux créations d'Emplois :*
  L. O., art. 13. — D. 7 avril 1887, art. 1 à 5.
4o *Suppression d'Ecoles ou d'Emplois :*
  L. O., art. 13. — D. 7 avril 1887, art. 21 et 40.— L. fin. 30 mai
  1899, art. 36. Avis du Conseil d'Etat, 23 novembre 1887 ;
  27 juin 1888 et 31 mai 1894.

II. — Construction et Installation des Ecoles.

1o *Principes généraux :*
  a) Visite du local : D. O., art 13. — D. 7 avril 1887, art. 15.
  b) Local convenable : Instructions ministérielles, 18 janv. 1887.
  c) Avis des commissions sanitaires et conseil départemental
  d'hygiène. C. 29 août 1892, et 19 avril 1903. — Cf. C.,
  23 juin 1896, abrogée.

d) Logement convenable des maîtres : D. 25 octobre 1894.

e) Matériel et mobilier d'enseignement. Instructions ministérielles, 18 janvier 1887. — D. 29 janvier 1890.

f) Pensionnats primaires publics : L. O., art. 13. — D. O., art. 15 et 16. — D. 16 janvier 1894.

g) Etablissements d'enseignement primaire supérieur : D. O. art 39, mod. par D. 28 janvier 1893.

h) Voisinages dangereux. — Analyse de l'eau. — Voisinage des cimetières. C. 19 janvier 1875, 4 janvier 1897, 15 juin 1876,

i) Jardins annexés aux Ecoles :

   1o Champ d'expériences : C. 11. décembre 1887.

   2o Jardins des maîtres : C., 6 mars 1901.

2o *Règles applicables à la construction et à l'installation des Ecoles* :

a) Rôle du Conseil départemental : L. O., art. 13. C. 30 juillet 1889.

b) Procédure : D. 7 avril 1887, art. 6 et suiv.

c) Subvention de l'Etat : L. 20 juin 1885, tableau A. D., 16 février 1886, tableau D. E. F., Ressources communales disponibles. Avis du Conseil d'Etat, 25 mars et 1er avril 1886.

d) Etablissement d'office : L. 10 juillet 1903. C. 4 août 1903. Cf. L. 20 mars 1883, art. 10 et D. 7 avril 1887, art. 41 à 50, abrogés.

e) Ecoles desservant deux ou plusieurs communes : D. 7 avril 1887, art. 31 et suiv.

III. — Budget de l'Enseignement primaire.

1o *Dépenses :*

a) Etat : L. 19 juillet 1889, art. 2 et 5.

b) Départements : même loi, art. 3. L. fin. 8 août 1885, art. 21.

c) Communes : L. 19 juillet 1889, art. 4.

d) Classifications diverses des Dépenses : ordinaires ou extraordinaires, obligatoires ou facultatives.

2o *Ressources :* L. 19 juillet 1889, art. 26 à 28. L. 10 août 1871 et 5 avril 1884.

3o *Régime spécial* aux villes de plus de 150.000 habitants et à Paris : L, 19 juillet 1889, art. 29, mod. par L. 25 juillet 1893.

TROISIÈME PARTIE

Fonctionnement, au point de vue administratif des établissements d'enseignement public.

I. — **Caractères légaux de l'Enseignement primaire public.**

   A. — *Laïcité.*

     1o Neutralité de l'Enseignement.

      a) Principes : L. 28 mars 1882, art. 2 et 3.

b) Emblèmes religieux **:** C. 2 novembre 1882 et 9 avril 1903.

c) Exercices religieux : Catéchismes : Réglem. scol. mod. art. 5. — C. 9 avril 1903. — L. 9 décembre 1905 (sur la séparation), art. 30.

d) Conduite des enfants à l'Eglise, au catéchisme : Règlem. scol. mod.— Ec. élém. art. 5 et 9. Ecoles pr. sup. art. 5 et 7. — D. O., art. 83. — D. 16 janvier 1894, art. 6. — C. 9 avril 1903.

e) Cérémonies religieuses : C. 9 avril 1903.

2° Laïcité et laïcisation du personnel.

a) Laïcité : L. O., art. 17. — Cf. L., 7 juillet 1904, art. 1er.

b) Laïcisation : L. O., art. 18, 19 et 67. — L. fin. 30 mars 1902, art. 70.

B. — *Gratuité*. L. 16 juin 1881.

II. — Organisation administrative et pédagogique.

1° *Règlementation générale.*

A. — *Hygiène scolaire.*

A. O., art. 272. C. 13 mars 1893, Arr. et Règl. mod. 18 août 1893. L. 5 avril 1884, art. 97. C. 20 octobre 1902. C. et Inst. ministér. 14 mars 1896. — Cf. L., 15 février 1902.

B. — *Livres.*

a) Livres étrangers à l'enseignement : Réglem. scol. mod. écol. matern., art. 14, écol. élém., art. 16.

b) Dons de livres : Réglem. scol. mod., écol. pr. sup., art. 15.

c) Livres classiques : A. O., art. 20 à 22 et 31.— C. 7 octobre 1880.

d) Livres de prix : C. 16 juillet 1878.

e) Fournitures scolaires : D. 29 janvier 1890, art. 7 à 10.

f) Vente de livres et fournitures : Réglem. scol mod., écol. élém. et écol. pr. sup., art. 12. C. 15 juin 1887. Arrêts, Conseil d'Etat, 20 juillet 1864. Cour de Cass., 2 mars 1864.

C. — *Congés. Vacances.*

Réglem. scol. mod., écol. élém., art. 21 et 22, écol. pr. sup., art. 18 et 19.— Arr. 24 juillet 1905, mod. par Arr. ministér., 23 juillet 1906.— C. 13 juin 1894. Comp. arr. 4 janvier 1894 (abrogé).

D. — *Usage des locaux scolaires.*

Réglem. scol. mod., écol. élém., art. 3, écol. prim. sup., art. 3. Inst. sur la construct., 18 janvier 1887, écol. mat. et éc. élém., art. 3. Conseil d'Etat, décisions des 7 août 1903, 31 mars 1905 et 7 août 1906. — C. 30 août 1882, 3 mai 1893 et 10 décembre 1900.

2° *Règlementation spéciale aux diverses catégories d'écoles.*

A. — *Ecoles maternelles.* C. 22 février 1905.

a) Historique : V. Rapp. sur l'organ. et la situat. de l'Ens. pr. public en France, 1900 (p. 199 et suiv.).

b) Définition : D. O., art. 1. Cf. D., 1er août 1881, art. 1.

c) Admission des enfants : D. O., art. 1 et 3. — Réglem. scol. mod., art. 1. — A. O., art. 4. — C. 25 mars 1890.

d) Nombre d'élèves : A. O., art. 7.

e) Sectionnement : D. O., art. 7.

f) Enseignement : D. O., art. 4. — Régl. 18 janvier 1887. (Programmes). — A. 8 août 1890.

g) Réglement scolaire : D. O., art. 9. Réglem. scol. mod.

h) Personnel : L. O., art. 6. — D. O., art., 7.

i) Femme de service : D. O., art. 8.

j) Médecin : A. O., art. 3.

k) Comité des dames patronnesses : D. O., art. 10.

l) Registres obligatoires : A. O., art. 23.

m) Passage des enfants à l'école élémentaire : A. O., art. 6.

B. — *Classes enfantines.*

a) Historique. — Ecoles enfantines : D. O., anc. art. 187 et 188. — Cons. sup., 27 décembre 1884. Cf. L. O., art. 6.— Classes enfantines : V. Rapport précité 1900 (p. 229 et suiv.).

b) Définition : D. O., art. 2.

c) Admission des élèves : D. O., art. 2. — C. 20 mars et 16 novembre 1887.

d) Enseignement : D. O., art. 4. — A. O., art. 2.

e) Personnel : L. O., art. 6 et 15.

f) Passage des élèves à l'école élémentaire : A. O., art. 6.

C. — *Ecoles élémentaires.*

a) Catégories d'Ecoles :

1º Ecoles mixtes et écoles spéciales : L. O., art. 6 et 11.

2º Ecoles de chef-lieu, de hameau : L. O., art. 11. — L. 20 mars 1883.

3º Ecoles de demi-temps : Réglem. scol. mod., art. 7. — Comp. L. 28 mars 1882, art. 15.

4º Ecoles annexées aux établissements de bienfaisance, D. 4 novembre 1804.

5º Pensionnats : L. O., art. 13. — D. O., art. 15 et 16. — D. 16 janvier 1894.

b) Admission des élèves : D. O., art. 28. — Réglem. scol. mod., art. 1 et 2, mod. par Arr. 29 décembre 1888.

c) Organisation pédagogique :

1º Programmes : D. O., art. 27. —A. O., art. 17. — Prog., 18 janvier 1887. — Arr. 8 août 1890, 27 juillet 1893, et 4 janvier 1894. — Instr. minist., 16 août 1895. — C. 4 janvier 1897. — Arr. 9 mars 1897, 17 et 23 septembre 1898.—C. 27 juin 1903.—L. 5 juillet 1903.— C. minist. 16 janvier 1904.

2º Répartition des élèves. — Exercices : A. O., art. 9 à 13, 16, 18 19. — C. 21 décembre 1898. — Réglem. scol. mod., art. 5 à 8 et 14.

3º Emploi du temps : A. O., art. 18.

4º Cahiers d'élèves : A. O., art. 15.

5º Etudes surveillées : Réglem. scol. mod., art. 10, mod. par Arr. 26 juillet 1905.

6º Discipline : Réglem. scol. mod., art. 19 et 20.

d) Réglement départemental : D. O., art. 29. Réglem. scol. mod.

e) Registres obligatoires : A. O., art. 23.

f) Bibliothèques scolaires : Arr. 1er juin 1862.

g) Certificats d'études primaires élémentaires :

1º Organisation de l'examen : L. 28 mars 1882, art. 6. — D. O., art. 129. — A. O., art. 254 et suiv.

2º Programmes : A. O., art. 256, 257, mod. par Arr. 31 juillet 1897 et 8 août 1903; 258, 260, mod. par Arr. 31 juillet 1897. — C. 12 janvier et 22 septembre 1898. — 28 février 1901 et 16 janvier 1904.

3º Epoque de l'examen : D. 27 juillet 1882, art. 1er. — C. 2 mai 1892.

4º Conditions d'âge : D. 27 juillet 1882, art. 2. — L. 28 mars 1882, art. 6. — Arr. org., art. 255. — Décis. ministér. Bulletin administr. nº 861, année 1889.

5º Sanctions : L. 28 mars 1882, art. 6. — L. 2 novembre 1892, art. 2. — D. O., art. 38, mod. par D. 21 janvier 1893 et 55. — A.O., art. 14, 44 mod. par Arr., 29 décembre 1888 et 45.

D. — *Ecoles ou cours d'enseignement primaire supérieur.*

I. — Ecoles ressortissant au Ministère de l'Instruction publique.

1º *Dispositions générales.*

a) Définition de l'ens. pr. sup. : D. O., art. 35, mod. par D. 21 janvier 1893.

b) Catégories d'établiss. : D. O., art. 30 et 35 nouveaux. C. 15 février 1893.

c) Conditions d'admission : D. O., art. 38, mod. par D. 21 janvier 1893 et 28 janvier 1897.

d) Réglement départemental : A. O., art. 32. Réglement modèle.

2º *Cours complémentaires.*

a) Création : L.O., art. 13, L. 19 juillet 1889, art. 5. D.O., 30, 39, 41 nouveaux. C. 13 déc. 1895.

b) Etudes : D. O., art. 30 et 36 nouveaux. Arr. 25 janvier 1895 et 9 mars 1897.

c) Sanction : A. 25 janvier 1895, art. 3.

3o *Ecoles primaires supérieures.*

    a) Création : D. O., art. 30, 37, 41 nouveaux. L. O., art. 13
et L. 19 juillet 1889, art. 5. D. 7 avril 1887, art. 1 et 2.
C. 13 décembre 1895.

    b) Organisation pédagogique :
      1o Durée des études : D. O., art. 30 nouveau.
      2o Programmes : C. 15 février 1893. — D. O., art. 35
nouv., A. 21 janvier 1893, art. 1, 2 et 3, mod. par A.
13 déc. 1901, art. 4 et 5, A. 9 mars 1897. A. 18 août 1893.
      3o Emploi du temps : D. O., art. 37 nouveau. A. O., art. 28.
      4o Sections spéciales. Cours accessoires : D. O., art. 36
nouveau. A. O., art. 25 et 37.
      5o Discipline : Régl. mod. art. 7 à 9, 17.

    c) Conditions d'admission : Régl. mod. art. 1 et 2.

    d) Examen d'entrée : A. O., art. 30.

    e) Comité de patronage : D. O., art. 42. A. O., art. 33 à 40.

    f) Certif. d'étud. prim. sup. : A. O., art. 241 à 253, mod.
par Arr. 17 septemb. 1898, 9 déc. 1901, 15 déc. 1903,
10 mai 1904. D. 11 oct. 1899. art. 10.

    g) Bourses.
      a) D'enseig. pr. sup. : D. O., art. 40 mod. par D.
21 janv. 1893, 43 à 53, 169. A. O., art. 37, 41 à 43, 44
mod. par Arr. 29 déc. 1888, 45, 46, 47 et 48 modif.
par Arr. 8 août 1903, 49 à 64. D. 17 mars 1888, art. 18
et 19. C. 10 août 1888 et 7 sept. 1895.
      b) De séjour à l'étranger :
        1o Elèves : D. O., art. 54. — A. O., art. 65 mod. par
Arr. 30 juil. 1890, 66, mod. par Arr. 10 mai 1904 et 67.
        2o Professeurs : D. O., art. 97. A. O., art. 126 mod.
par Arr. 10 mai 1904.
      Arr. 8 juin 1892.

II. — Ecoles placées sous le régime du condominium.

    L. 11 déc. 1880. D. 17 mars 1888.
    D. 28 juillet 1888. D. 25 janv. 1895.
    L. fin. 26 janv. 1892, art. 69.

E. — *Cours publics d'adultes.* — L. O. art. 8. D. O., art. 98, 99,
mod. par D. 11 janv. 1895. — 100, 101, 102 à 105 mod. par
D. 11 janv. 1895.

F. — *Ecoles annexées* aux établissements de bienfaisance et d'as-
sistance publique : D. 4 nov. 1894.

QUATRIÈME PARTIE

RÉGIME LÉGAL ET DISCIPLINAIRE
APPLICABLE AU PERSONNEL DE L'ENSEIGNEMENT PUBLIC

I. — Conditions de recrutement et de nomination.

A. — *Conditions requises pour enseigner* :
a) Nationalité : L. O., art. 4.
b) Age : L. O., art. 7 et 24 ; D. O., art. 32 modifié par D. 21 janv. 1893.
c) Moralité : L. O., art. 5.
d) Sexe : L. O., art. 6.
e) Laïcité : L. O., art. 17, 18 ; Cf. L. 7 juill. 1904.
f) Capacité : L. O., art. 20.

B. — *Titres de capacité :* L. O., art. 21 ; D. O., art. 106.
(Voir appendice I).— 1o Réglementation générale.
    a) Tableau annuel des examens et concours.
    b) Commissions d'examens.
    c) Dispenses d'âge ou de stage.
    d) Fraude dans les examens : D. O., art. 121. L. 23 déc. 1901.

C. — *Institutions préparatoires aux fonctions de l'enseignement public :*
(Voir appendice II). } 1o Ecoles normales supér. d'ens. prim.
    2o Ecoles normales primaires.
    3o Conférences pédagogiques : Arr. 5 juin 1880 : Circ. 10 août, 20 août 1880.
    4o Bibliothèques pédagogiques : L. fin. 30 mars 1902, art. 29.— Circ. 14 mars 1904.
    5o Musée pédagogique : D. 1er avril et 9 juin 1903.

D. — *Conditions de nomination du personnel enseignant.*
1o Ecoles élémentaires ou maternelles :
a) Législation antérieure à 1886.
b) Instituteurs stagiaires : L. 16 juin 1881, art. 1er ; L. O., art. 26 ; D. O., art. 19.
c) Instituteurs titulaires : L. O., art. 23, 27, 29. L. fin. 31 mars 1903, art. 73 ; D. O., art. 17, 18, 20, 21, 23.
d) Directeurs : L. O., art. 23.

e) Adjoints : L. O., art. 6, 13, 24.

f) Maîtresses de couture : D. O., art 24.

g) Maîtres chargés des enseignements spéciaux.

h) Suppléants auxiliaires : L. 19 juill. 1889, art. 48 modifié par L. 25 juill. 1893. D. 25 mai 1894. L. fin. 22 avr. 1905, art. 53.

i) Excat : D. O., art. 22.

2º Cours complémentaires :

Directeurs : D. O., **art**. 31 modifié par D. 21 janv. 1893.

Adjoints : D. O., **art**. 32 modifié par D. 21 janv. 1893.

3º Ecoles primaires supérieures :

Directeurs : L. O., art. 28 ; D. 27 déc. 1887. Arr. 7 mars 1888.

Professeurs : L. O., art. 24 et 28 ; D. 22 juillet 1906 ; D. 27 déc. 1887. Arr. 7 mars 1888.

Instituteurs-adjoints : L. O., art. 24 et 28.

Maîtres auxiliaires ; L. O., art. 28 ; D. O., art. 33 modifié par D. 21 janv. 1893.

4º Ecoles placées sous le régime du condominium :

Directeurs : D. 17 mars 1888, art. 10 et 11.

Personnel enseignant : Même décr., art. 12 et 13.

5º Ecoles normales primaires ;

Directeurs : D. O., art. 62 modifié par D. 31 juill. 1897. D. 29 mars 1890, art 1er.

Econome : D. O., art. 64 ; D. 29 mars 1890, art. 1er ; Arr. O., art. 72 à 74 ; Arr. 13 févr. 1888.

Personnel enseignant : D. O., art. 65 à 67 ; L. fin. 30 mai 1899, art. 35.

Personnel des écoles annexes et des écoles d'application : D. org., art. 6 et 66. Décr. 4 oct. 1894, art. 4 et suiv.

6º Ecoles normales supérieures : D. 28 nov. 1889.

II. — Régime administratif et disciplinaire.

A. — Avantages attribués au personnel :

§ 1er. — Emoluments.

1º Ecoles primaires élémentaires et écoles maternelles :

a). — Traitement : L. 19 juill. 1889, art. 6 modif. par L. 25 juill. 1893 ; L. fin. 22 avr. 1905, art. 52 ; — V. également L. 19 juill. 1889, art. 32 modif. par L. 25 juill. 1893.

b). — Avancement : L. fin. 22 avr. 1905, art. 52.

c). — Logement ou indemnité représentative : L. 19 juill. 1889, art. 10 et 48, al. 15, modif. par L. 25 juill. 1893 ; D. 20 juill. et 25 oct. 1894. — Cons. d'Etat, Cont., 15 nov. 1898.

d). — Indemnité de résidence : L. 19 juill. 1889, art. 10 et 12 modif. par L. 25 juill. 1893 ; — D. 31 janv. et 6 sept. 1890 et 19 juill. 1894 ; — L. 13 avr. 1898, art, 49 ; — L. fin. 30 mars 1902, art. 47 ; — D. 19 juin 1906.

e).— Supp^t pour direction : L. 19 juill. 1889, art. 8.

f).— Supp^t pour cours complémentaire : L. 19 juill. 1889, art. 9.

g).— Auxiliaires : D. 25 mai 1894, art. 3.

h).— Maîtresses de couture : D. 18 janvier 1887, art. 24; — D. 2 août 1890, art. 8 et 9.

i).— Régime spécial à la Ville de Paris : D. 20 août 1892, mod. par D. 25 juin 1898 et 24 juillet 1904, — L. fin. 13 avr. 1898, art. 50.

2º Ecoles primaires supérieures :

a).— Directeurs et directrices : L. 19 juill. 1889, art. 12 et 13 modif. par L. 25 juill. 1893, art. 14 modif. par L. fin. 22 avr. 1905, art. 52 et 20 ; — D. 20 juill. 1894.

b).— Instituteurs et institutrices adjoints : L. 19 juill. 1889, art. 12 modif. par L. 25 juill. 1893, art. 15 modif. par L. 25 juill. 1893 et L. fin. 22 avril 1905, (art. 52) et art. 20 ; — D. 20 juillet 1894.

c).— Avancement : L. 19 juill. 1889, art. 25, modif. par L. 25 juill. 1893.

d).— Régime spécial à la Ville de Paris : D. 3 août 1890 modif. par D. 6 août 1902; — L. fin. 13 avr. 1898, art. 50 et L. fin. 22 avr. 1905, art. 51.

3º Ecoles normales primaires supérieures : L. 19 juill. 1889, art. 19 ; — D. 18 juill. 1890.

4º Ecoles normales primaires :

a).— Directeurs et directrices : A. O., art. 77 ; — L. 19 juill. 1889, art. 17 modif. par L. fin. 17 avr. 1906, art. 46 ; — D. 29 mars 1890, art. 7, 9 et 10.

b).— Professeurs : L. 19 juill. 1889, art. 18 modif. par L. 25 juill. 1893 et L. fin. 17 avr. 1906, art. 49 ; — D. 29 mars 1890, art. 7.

c).— Maîtres adjoints et maîtresses adjointes. Maîtres et maîtresses auxiliaires : D. 4 oct. 1894, art. 1 et 2.

d).— Economes : A. O., art. 77 ; — L. 19 juill. 1889, art. 21 modif. par L. fin. 17 avr. 1906, art. 50 ; — D. 29 mars 1890, art. 7, 9 et 10.

e).— Avancement : L. 19 juill. 1889, art. 25, mod. par L. 25 juill. 1893.

f).— Ecoles annexes : D. 4 oct. 1894, art. 6 et 7.

g).— Ecoles d'application : D. 4 oct. 1894, art. 9.

h).— Département de la Seine : D. 4 juin 1890 modif. par D. 25 mai 1895.

§ 2. — Pensions de retraite ; Congés.

a).— Textes généraux : L. 9 juin 1853 ; — D. 9 nov. 1853 ; — L. 17 août 1876.

b).— Droits à pension : L. 9 juin 1853, art. 3, 4, 5, 11, 12 ; — L. 17 août 1876, art. 2 ; — L. 19 juillet 1889, art. 38 modif. par L. 25 juill. 1893. — L. fin. 13 avr. 1898, art. 48, 51, 30 mars 1902, art. 46, 22 avr. 1905, art. 51 et 17 avr. 1906, art. 54 ; — Cons. d'Etat, Avis, 17 janv. 1889.

c).— Retenues : L. 9 juin 1853, art. 3 modif. par art. 28, L. fin. 29 mars 1897 (versement par 1/4 du premier douzième).

d).— Liquidation : L. 9 juin 1853, art. 6, 19 et suiv. ; — L. 17 août 1876, art. 2 et 3 ; — L. fin. 28 déc. 1895, art. 63 ; — D. 9 nov. 1853, art. 29 et suiv. et 47 modif. par D. 27 mai 1897 (maintien en fonctions) ; — L. fin. 13 avr. 1898, art. 48.

e).— Voies de recours : D. 22 juill. 1806, art. 11 modif. par L. fin 13 avr. 1900, art. 24 § 4 ; Cf. L. fin. 17 avr. 1906, art. 4.

f).— Veuves et orphelins : L. 9 juin 1853, art. 13 et s.; — D. 9 nov. 1853, art. 32 ; — L. fin. 28 avr. 1893, art. 50 et 13 avr. 1898, art. 44.

g).— Congés : 1º Inactivité : L. 9 juin 1853, art. 10 ; — L. fin. 28 déc. 1895, art. 40.

   2º Maladie : D. 9 nov. 1853, art. 16 ; — Cons. d'Etat, Avis, 24 févr. 1897.

§ 3.— Exemptions universitaires : L. fin. 30 mars 1888, art. 12 et 25 févr. 1901, art. 52 ; — Circ. 14 mars 1901.

§ 4.— Bénéfice du demi-tarif sur les chemins de fer : Arr. min. 23 juin 1879 ; — Circ. 26 mai 1884, 1er août 1895, 5 mai 1896, 8 juin 1897 et 25 janv. 1898. (Bull. admin. min. instr. publ., Avis, 1903, 1er sem., p. 126).

§ 5.— L. 20 juill. 1899 sur la responsabilité civile.

§ 6.— Dispense d'une des deux périodes d'exercices, dans la réserve de l'armée active. (L. 21 mars 1905, art. 41 ; Circ. min. 20 août 1906).

§ 7.— Distinctions et récompenses honorifiques :

a) *Distinctions honorifiques :*
   D. 27 déc. 1866, art. 7.
   D. 24 déc. 1885, art. 4.

   Dérogations aux régles ordinaires :
   Enseignement des adultes : D. 27 déc. 1900.
   Réunion annuelle des Sociétés Savantes : D. 6 févr. 1903.
   Cérémonies publiques : D. 8 oct. 1906.

b) *Récompenses honorifiques :*
   L. O., art. 34. A. O., art 127 modifié par Arr. 18 janv. 1893, art. 128 modifié par Arr. 28 janv. 1896, art. 129.— L. fin. 31 mars 1902, art. 46. — Cons. d'Etat, Avis, 29 avril 1891. L. 19 juillet 1889, art. 41 à 45.

c) *Récompenses spéciales :*
   Enseignement des adultes : Arr. 14 et 15 janv. 1907.
   Prix Pape Carpantier : D. 17 mai 1884.

Fondation Eugène Monnier : Circ. 17 janv. 1907.

Prix Huiard : Arr. 25 juill. 1902.

Enseignement agricole et horticole :

Arr. 16 janv. 1890, 30 janv. 1891. — C. 16 mars 1892, **et** 2 février 1906.

Collaboration à l'œuvre du Comité des travaux historiques et scientifiques : Arr. 6 février 1903.

Vaccination : A. O., art. 273 ajouté par Arr. 18 janv. 1893. (Voir Avis, Bull. admin. minist. inst. pub., 7-14 janv. 1905, p. 40.

§ 8.— Honorariat :

D. O., art. 26. A. O., 130 à 133.

B. — Obligations imposées au personnel.

§ 1er. — Interdiction des professions commerciales ou industrielles : L. O., art. 25. Circ. 29 juin 1897.

§ 2. — Interdiction des fonctions administratives :

L. O., art. 25.

Conseil d'Etat, Cont. 10 juill. 1893.

§ 3. — Secrétariat de mairie :

L. O., art. 25. C. 24 juill. 1875.

§ 4. — Service des cultes :

L. O., art. 25. Circ. 29 nov. 1900.

§ 5. — Inégilibilité et incompatibilités :

L. 30 nov. 1875, art. 8.

L. 5 avril 1884, art. 33.

§ 6. — Régime disciplinaire :

a) Peines disciplinaires : L. O., art. 30 à 32.

b) Procédure : D. 4 déc. 1886.

c) Suspension provisoire : L. O., art. 23.

d) Déplacement d'office L. O., art. 31, § 6. L. fin. 22 avr. 1905, art. 65. — Circ. minist. 6 avril 1906.

III. — Fonctionnaires détachés.

1o Instituteurs et institutrices :

a) Dans les établissements prévus au D. 16 juin 1899, modif. par D. 4 fév. 1906.

b) Dans les lycées et collèges :

D. 31 oct. 1892.

L. fin. 30 mars 1902, art. 46.

c) Dans les autres établissements :

L. 9 juin 1853, art. 4, § 3.

2o Membres du personnel autres que les instituteurs et institutrices : D. 30 oct. 1902.

CINQUIÈME PARTIE

RÉGLEMENTATION DE L'ENSEIGNEMENT PRIVÉ

I. — *Conditions requises du personnel enseignant.*

1o Age : L. O., art. 7.

2o Moralité : L. O., art. 5.

3o Sexe : L. O., art. 6.

4o Capacité : L. O., art. 4 et 36. — D. O., art. 180.
L. 16 juill. 1881 sur les titres de capacité.

5o Nationalité : L. O., art. 4.

Règles spéciales aux Etrangers :
Autorisation d'enseigner : L. O., art. 4.— D. O., art. 181, 182. — Avis du Conseil d'Etat du 30 oct. 1888.
Equivalence de titre : L. O., art. 4. — D. O., art. 183, 184.
Ecole d'enfants étrangers : L. O. art. 4. D. O., art. 185.

6o Incapacité résultant de l'art. 14. L. 1er juill. 1901 et de l'art. 1er. L. 7 juill. 1904.

II. — *Formalités d'ouverture des écoles privées.*

1o Déclaration préalable : L. O., art. 37 et 38. — D. O., art. 158.

Exigée dans 4 cas :
Ouverture d'une école nouvelle : L. O., art. 37.
Pour une école déjà existant e :
Changement de directeur : D. O., art. 158.
Changement de local. L. O., art. 37.
Admission d'internes. L. O., art. 37.

Ouverture d'un pensionnal. Plan détaillé et certifié :
D. O., art. 170. Installation : D. O., art. 176 à 178.
Ouverture d'un cours privé pour les adultes : L. O., art. 8.

2o Droit d'opposition.

Du Maire : Motifs : L. O., art. 37.
Délai : L. O., même article.
Formes : D. O., art. 159.
De l'Inspecteur d'académie :
Motifs : L. O., art. 38. Arr. O., art. 271, modif. par Arr. 18 janv. 1893. Circul. minist. 4 janvier 1897.
Délai : L. O., art. 38. D. O., art. 160. Arr. Cour de Cass. 17 janv. 1902. Circul. minist., 19 déc. 1903.

Formes : D. O., art. 161.

Jugement des oppositions : Cons. départ. L. O., art. 39, 44 et 49 ; D. O., art. 150 et 162, mod. par D. 10 déc. 1901 et art. suiv.

Conseil supérieur : L. O., art. 39. D. O., art. 164, 165. — L. du 27 févr. 1880, art. 7.— D. 11 mars 1898 modif. par D. 8 juill. 1900.

3o Sanction des formalités prescrites : L. O., art. 40.

4o Effets de l'opposition formée : L. O., art. 40.

5o Absence d'opposition : L. O., art. 38 dernier **alinéa.**

6o Règle spéciale aux pensionnats : D. O., art. 173.

III. — *Conditions d'exercice.*

1o Liberté des programmes, méthodes et livres : L.O., art. 35. Cf. art. 3. Livres interdits : L. 27 févr. 1880 art. 5.— D. O., art. 167.

2o Inspection des établissements : L. O., art. 9. D. 17 mars 1888, art. 24.— D. O., art. 167.
Sanctions : L. O., art. 42.
Tenue de registres : D. O., art. 168. et 175.

3o Règles concernant l'admission des enfants.
Principe : D. 14 févr. 1891.
Dérogations : L. O., art. 36.
Circ. minist. 20 mars et 16 nov. 1887.
Ecoles maternelles et classes enfantines : D. O., art. 1 et 2.

4o Pénalités applicables au personnel de l'enseignement privé :
I. — *Peines de droit commun :*
L. O., art. 40 combiné avec les art. 4, 7, 8, 37 et 38.
Cour de Cassation, Arr. 30 mars et 15 juin 1901.
Fermeture des pensionnats : D. O., art. 179.

II. — *Peines disciplinaires :*
L. O., art. 41.
L. 28 mars 1882, art. 11.
Procédure : D. 4 déc. 1886.

5o Récompenses honorifiques :
D. 24 déc. 1885, art. 4, alinéa 2.

SIXIÈME PARTIE

LA LOI DU 28 MARS 1882 SUR L'OBLIGATION SCOLAIRE

I. — *Obligation scolaire :*

1o Principe de l'obligation scolaire : L. 28 mars 1882 art. 4 et 6.— Loi du 2 nov. 1892 art. 2. Circ. 3 mars 1897.

2o Déclarations exigées des parents :
a) Avis individuel du maire : L. 1882 art. 8. Circ. 7 sept. 1882 et modèles annexés.

b) Déclarations : L. 1882 art. 7 et et 9.

c) Sanctions : L. 1882, art. 8 et 13.

3o Obligation scolaire proprement dite :

   a) Enfants inscrits dans la famille : L. 1882 art. 16. — A. O., art. 263 à 270.

   b) Enfants inscrits à une école : L. 1882 art. 10.

4o Obligations imposées aux directeurs d'écoles privées : L. 1882 art. 8, 10 et 11.

5o Sanctions pénales à l'égard des parents :

   a) Mesures prononcées par la Commission scolaire : L. 1882, art. 12 et 13. L. O., art. 59 et 60.— D. O., art. 156 et 157.

   b) Peines de simple police : L. 1882 art. 14.

6o Dispenses de fréquentation scolaire : L. 1882 art. 15. Circul. 26 fév. 1883.

7o Application de la loi aux étrangers : Convention franco-suisse, 13 juin 1888.

8o Résultats de la loi de 1882. — Projet de loi sur les modifications à apporter à la loi du 28 mars 1882.

II. — *Caisse des Ecoles :*

   L. 10 avril 1867, art. 15. Inst. 12 mai 1867.— L. 28 mars 1882, art. 17. — L. 19 juill. 1889, art. 54. Circ. 29 mars 1882, (Modèle de statuts), 30 août 1882, 27 juill. 1889 et 2 mai 1890. (Tableau budget). D. 29 janv. 1890, art. 8.

      Conseil d'Etat : Avis, 14 juin 1894. (Bull. administ. 1894. I. p. 550). (Frais des études surveillées). Avis, 17 mai 1900 (Colonies de vacances). Arrêt 22 mai 1903 (Subsides aux éléves des écoles privées.

APPENDICE I

Réglementation des divers titres de capacité de l'enseignement primaire : D. O., art. 106, modifié par D. 10 août 1893 et D. 29 avril 1895.

1re Catégorie. — **Brevets de Capacité.**

1o Sessions : D. O., art. 117 ; A. O., art. 134.

2o Commissions d'examen : D. O., art. 118 modifié par D. 22 juillet 1893 et 4 août 1905 ; A. O., art., 138 mod. par Arr. 4 août 1905 et art. 139 ;

   D. 17 juillet 1891 (Dépenses des Commissions ;

   Circ. 18 février 1898 (rémunération des Inspecteurs primaires).

3o Choix des sujets : A. O., art. 135 mod. par Arr. 4 août 1905. Circ. 1er octobre 1895.

4o Correction des copies : A. O., art. 136, 137 et 140 mod. par Arr. 4 août 1905.

5o Conditions à remplir par les candidats :
Age : D. O., art. 107 mod. par.D. 15 janvier 1894.
Inscription : A. O., art. 141 mod. par Arr. 9 décembre 1901,
142 et 143.
Droits à verser : L. fin. 26 fév. 1887 art. 3 ; D. 12 mars 1887.

6o Surveillance des examens ; publicité : A. O., art. 144 mod.
par Arr. 4 août 1905.

7o Sessions à l'étranger : Arr. 24 avril 1883 et 25 juill. 1889
(Constantinople).
Arr. 9 février 1887 (Athènes).
Arr. 31 mai 1904 et 28 nov. 1906 (Le Caire).

8o *Brevet supérieur.*
Livret de scolarité : A.O., art. 141 modif. par Arr. 9 déc. 1901.
D. O., art. 118 in fine mod. par D. 4 août 1905.
Epreuves : D. O., art. 119 mod. par D. 4 août 1905 ; A. O.,
art. 150 mod. par Arr. 9 déc. 1901, 151 mod. par Arr.
24 janv. 1896, 10 mai 1904 et 4 août 1905, 152 mod. par Arr.
10 mai 1904 et 4 août 1905 ; 153 mod. par Arr. 31 juill. 1897
et 4 août 1905.
Admissibilité : A.O., art. 150 modif. par Arr. 9 déc. 1901 et
23 déc. 1905.

9o *Brevet élémentaire.* Epreuves : D. O., art. 119 mod. par D.
4 août 1905 ; A. O., art. 145, 146 mod. par Arr. 20 janv.
1897 et 9 déc. 1901 ; 147 mod par Arr. 20 janv. 1897 ; 148 mod.
par Arr. 29 déc. 1888 et 149.

2e Catégorie. — **Certificats d'aptitude professionnelle.**

A. CERTIFICAT D'APTITUDE PÉDAGOGIQUE.

1o Sessions : D. O., art. 117 mod. par D. 4 août 1903 ; A. O.,
art. 154 mod. par Arr. 24 juill. 1888, 27 juill. 1893 et 9 déc 1901.

2o Commissions d'examen : D. O., art. 120 ; A. O., art. 161 ;
Circ. 30 janv. 1892 ; D. 17 juill. 1891 (Dépenses).

3o Conditions à remplir par les candidats : D. O., art. 108 mod.
par D. 3 juin 1902 ; A. O., art. 155.

4o Epreuves : A. O., art. 154 mod. par Arr. 24 juill. 1888,
27 juill. 1893. (V. Avis, Bull. Admin. M. I. P., no 1071,
12 août 1893) et 9 déc. 1901 (Admissibilité), 156 à 159, 160 mod.
par Arr. 27 juill. 1893, 162 et 163.

5o Procès-verbal ; délivrance du certificat : A. O., art. 164.

B. CERTIFICAT D'APTITUDE AU PROFESSORAT.

1o Sessions ; commissions d'examen : D. O., art. 117 ; A. O.,
art. 165, 166, 168.

2o Conditions à remplir par les candidats : D. O., art. 109 mod.
par D. 26 mars 1887, 115 ; A. O., art. 167.

3o Epreuves : A. O., art. 169, 170 mod. par Arr. 9 janv. 1895 et 10 mai 1904, 171, 172 mod. par Arr. 20 janv. 1899 et 10 mai 1904, 173 mod. par Arr. 20 janv. 1899, 10 mai 1904 et 24 déc. 1904 (Admissibilité).

C. CERTIFICAT D'APTITUDE A L'INSPECTION PRIMAIRE :
1o Sessions ; commission d'examen : D. O., art. 117 ; D. 17 janv. 1891 (Inspectrices primaires) ; A. O., art. 174, 176 mod. par Arr. 4 janv. 1894 et 20 janv 1899.

2o Conditions à remplir par les candidats : D. O., art. 110 mod. par D. 31 juill. 1897, 115, 186, mod. par D. 18 janv. 1893 15 janv. 1894 et 31 juill. 1897; A. O., art. 175 mod. par art. 20 janv. 1899.

3o Epreuves : Arr. 18 janv. 1887 (Programmes); A. O., art. 177, 178, 179 mod. par Arr. 24 déc. 1904 (Admissibilité), 180, mod. par Arr. 27 juill. 1893, 181.
4o Délivrance du Certificat. A. O., art. 182.

D. CERTIFICAT D'APTITUDE A L'INSPECTION DES ECOLES MATERNELLES.

1o Sessions; commissions d'examen : D. O., art. 117; A. O. art. 183 et 186.

2o Conditions à remplir par les aspirantes : D. O., art. 111, 115: A. O. art. 184.

3o Epreuves : A. O., art. 185 et 186.

3e Catégorie. — **Certificats spéciaux.**

Dispositions communes : Sessions, commissions : D. O., art. 117 mod. par D. 4 août 1903.
Dispenses d'âge ou de stage : D. O., art. 115.

1o LANGUES VIVANTES : D. O., art. 112; A. O. art. 187 à 189; 190 et 191 mod. par arr. 10 mai 1904, 192, 193.

2o COMPTABILITÉ : D. O., art. 113 complété par D. 10 août 1893 et mod. par Arr. 4 août 1903 et 29 juill. 1905.
A. O., art. 232, 233, mod. par arr. 18 janv. 1897 et 234 (articles ajoutés à l'A. O., par Arr. 10 août 1893). Programme annexé audit arrêté.

3o TRAVAIL MANUEL : D. O., art. 113 mod. par D. 18 janv. 1893, 4 août 1903 et 29 juillet 1905; A. O., art. 194 à 196, 197, 198 et 199 mod. par Arr. 3 janv. 1891.

4o DESSIN : D. O. art. 114 mod. par D. 4 août 1903 ; A. O. art. 200 à 208, mod. par Arr. 23 juillet 1906.

5o CHANT. — D. O., art. 113 mod. par D. 4 août 1903 et 29 juill. 1905; A. O., art. 209 à 214 mod. par Arr. 18 janv. 1893 29 avril 1895 et 29 juill. 1905.

6o GYMNASTIQUE : D. O. art 114 mod. par D. 4 août 1903. A. O. art. 215, 216, 217, mod. par Arr. 25 mars 1887, 218, 219, 220 mod. par Arr. 3 janv. 1891 ; 221.
Programme des épreuves orales annexé à A. O. Manuel de Gymnastique publié par le Ministère, févr. 1891.(Circ. 26 mars 1907.)

N. B. En fait, depuis l'Arr. 25 mars 1887, les épreuves ayant lieu au chef-lieu du département, les commissions d'examen sont constituées par le Recteur, sous réserve de l'approbation ministérielle.

7o TRAVAUX DE COUTURE : D. O., art. 114 mod. par D. 18 janv. 1893 et remanié par D. 4 août 1903 ; A. O., art. 222 à 226.

8o EXERCICES MILITAIRES : A. O., art. 227 à 231.

9o ENSEIGNEMENT AGRICOLE : D. O., art. 106 (addition résultant du D. 13 janv. 1891); Arr. 14 janvier 1891.

APPENDICE II

ECOLES NORMALES PRIMAIRES

I. — *Ecoles normales supérieures.*

a) Admission : D. O., art. 92, 95 ; — Arr. Org. art. 107, 108, 113, 114 modif. par Arr. 30 juill. 1890, 115 modif. par Arr. 29 décembre 1888, 116. 117, 118 modif. par Arr. 9 janv. 1895 et 10 mai 1904, 119 à 121, 122 modif. par Arr. 9 janv. 1895 et 10 mai 1904, 123, 124.

b) Etudes : Arr. Org., art. 109, 110, 112, 125.

c) Conseil de l'école : D. O., art. 94.

d) Gestion ; commission administrative : D. 1er Mars 1884 ; Arr. 1 et 2 mars 1884 ; D. O., art. 93.

e) Personnel. (V. plus haut, 4e partie).

II. — *Ecoles normales primaires*

a) Organisation générale : D. O., art. 56 à 59. L. 19 juill. 1889, art. 47, alin. 1 et 2 ; — D. 29 mars 1890, art. 1 et 8 ; — D. 4 août 1905, art. 1er.

b) Conseil d'administration : D. O., art. 84, 85, 87, 89 ; L. 19 juill. 1889, art. 47, alin. 3 ; Circ. 6 déc. 1889 ; — D. 29 mars 1890, art. 2 et 3. .

c) Régime administratif : D. 29 mars 1890 et Instr. min. y annexée.

d) Personnel : — D. O. art. 65, 67 ; D. 19 juill. 1890, art. 4 et 5 ; — L. fin. 30 mai 1899, art. 35 ; Arr. 4 août 1905, art. 15 et 16. (Voir plus haut, 4e partie.)

e). — Coucours d'admission. Engagement décennal : D. O.,
art. 69, 70, modif. par D. 31 juill. 1897 et 2 janv. 1906,
71 modif. par D. 31 juill. 1897, 74, 81 ; — Arr. org , art. 86,
87 modif. par Arr. 2 janv. 1906, 88 modif. par Arr. 29 déc.
1888, 89 modif. par Arr. 8 août 1903, 90 à 95. — Circ. 12 juin
1888 et 3 mai 1893 ; Cass., Arrêt 26 janv. 1891 ; — Inst. min.
30 déc. 1890.

f). — Etudes : D. O., art. 79 modif. par D. 13 mai 1890, 82 et
suiv.; D. 4 août 1905. Arr. 4 août 1905, L. 5 juill. 1903
(dentelle à la main).

g). — Ecoles annexées : D. 29 mars 1890, art. 13 et 31 juill.
1890 modif. par D 3 oct. 1894 ; D. 4 août 1905, art. 12 et 13.
Arr. 4 août 1905, art. 11 et 12.

h). — Bourses de séjour à l'étranger : D. O., art. 97 ; Arr.
org., art. 126 modif. par Arr. 10 mai 1904 ; Arr. 8 juin 1892,
art. 1 et 2.

LÉGISLATION ET JURISPRUDENCE

DE

L'ENSEIGNEMENT PUBLIC

ET DE

l'Enseignement privé

EN FRANCE ET EN ALGÉRIE

PAR

Louis GOBRON

DOCTEUR EN DROIT

CHEF DE BUREAU AU MINISTÈRE DE L'INSTRUCTION PUBLIQUE

ENSEIGNEMENT PRIMAIRE

Troisième Edition

revue et mise au courant.

Prix ; 10 francs.

LIBRAIRIE

DE LA SOCIÉTÉ DU RECUEIL J. B. SIREY ET DU JOURNAL DU PALAIS

Ancienne Maison L. Larose et Forcel

22, rue Soufflot, PARIS, 5ᵉ arrd.

L. Larose et L. Tenin, Directeurs

1906

www.ingramcontent.com/pod-product-compliance
Ingram Content Group UK Ltd.
Pitfield, Milton Keynes, MK11 3LW, UK
UKHW021036220726
13924UKWH00001B/344